hen

tavuk

m

karşılamak

clap

alkış

island

ada

muscle

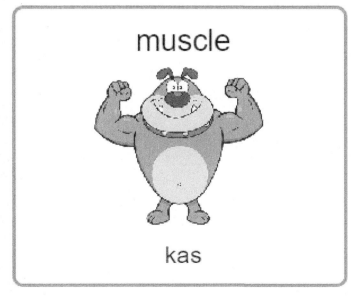

kas

pizza

pizza

sister

kız kardeş

leg

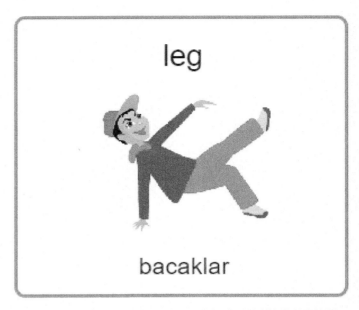

bacaklar

syringe

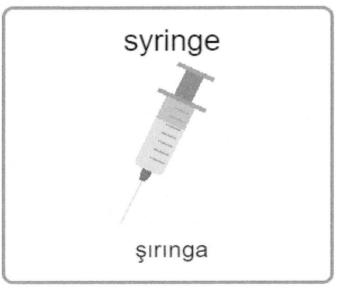

şırınga

utensils

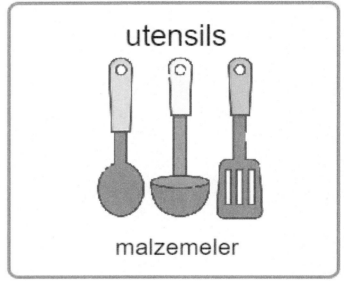

malzemeler

vulture

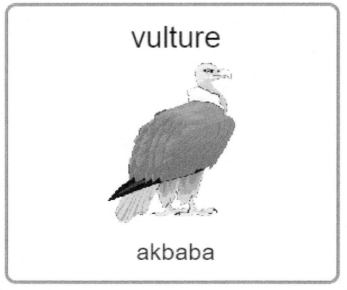

akbaba

nine

dokuz

window

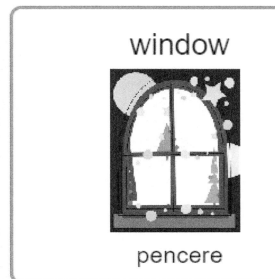

pencere

sandwich

sandviçler

mug

kupalar

bowl

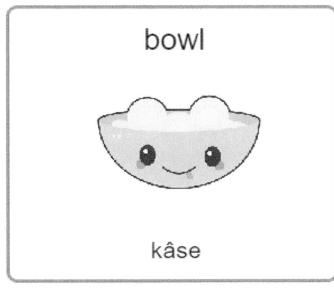

kâse

peas

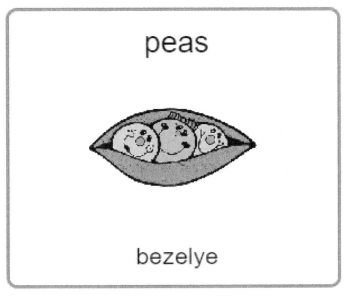

bezelye

two

iki

smile

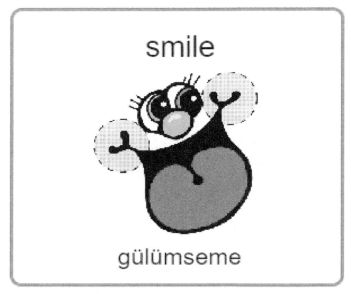

gülümseme

rocks

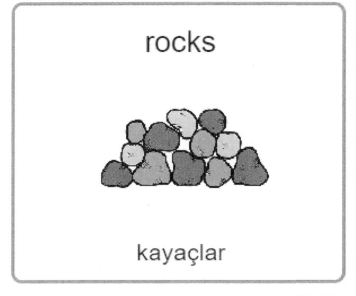

kayaçlar

ant

karınca

name

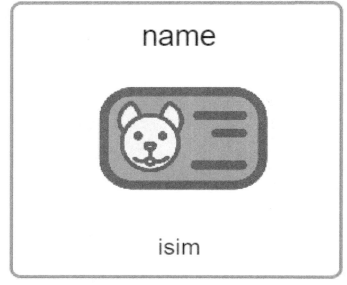

isim

tea

çay

walrus

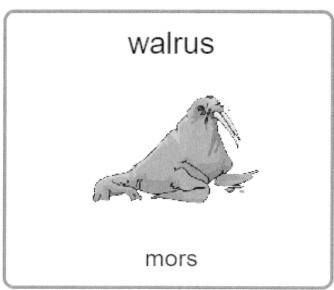

mors

fireplace

şömine

banana

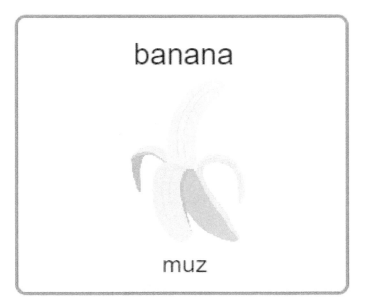

muz

lemon

limon

dress

elbiseler

stylish

şık

nut

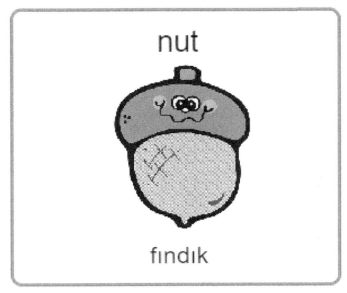

fındık

hat

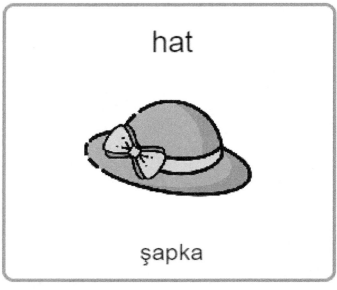

şapka

potato

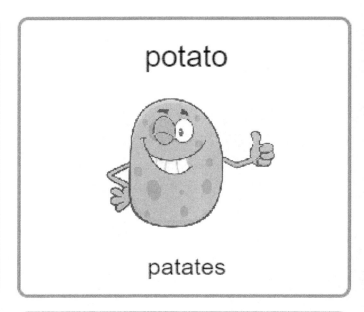

patates

father

baba

book

kitap

science

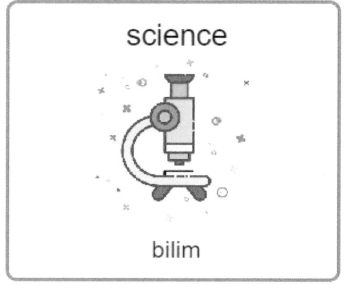

bilim

snake

yılan

unhappy

mutsuz

microphone

mikrofon

cute

sevimli

towel

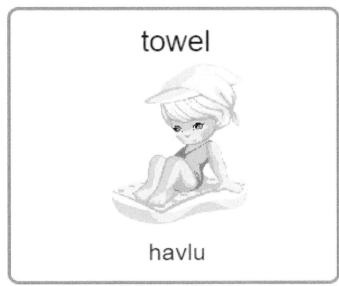

havlu

school

okul

stand up

ayağa kalk

ghost

hayaletler

wheat

buğday

factory

fabrika

shovel

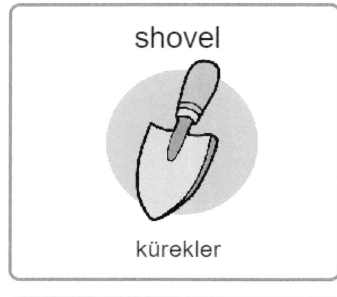

kürekler

comb

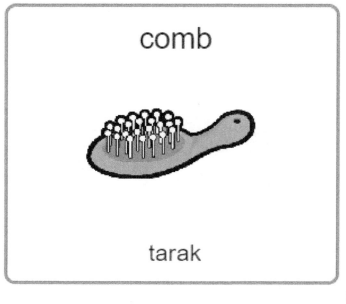

tarak

sit

oturmak

tooth

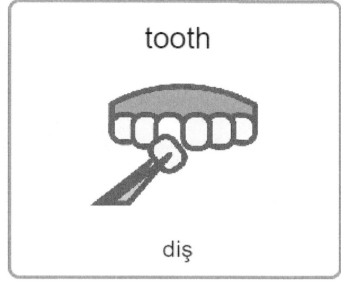

diş

hug

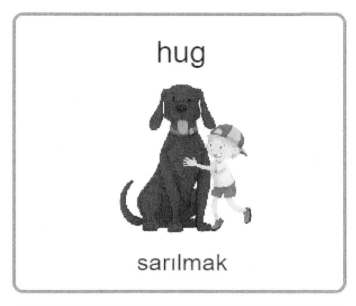

sarılmak

hill

tepe

frog

kurbağa

tugging

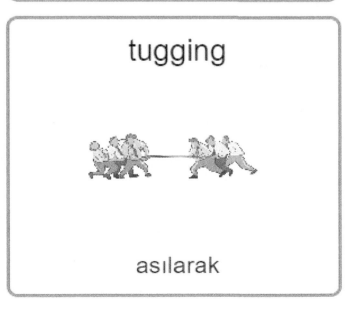

asılarak

turnip

şalgam

tuxedo

smokin

briefcase

iş çantası

musician

müzisyen

belt

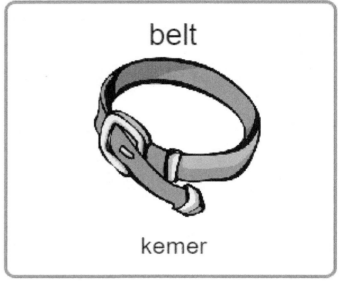

kemer

suitcase

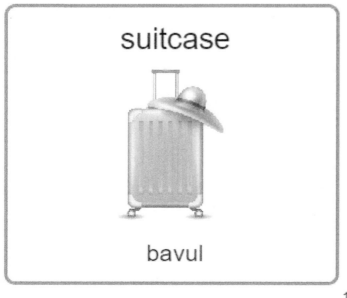

bavul

king

kral

butcher

kasap

cage

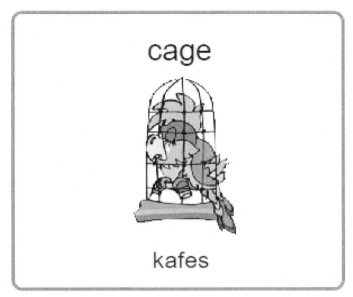

kafes

scooter

scooter

fat

şişman

scary

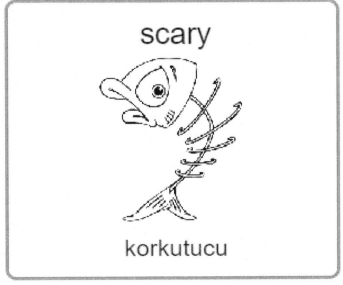

korkutucu

bomb

bombalar

teacher

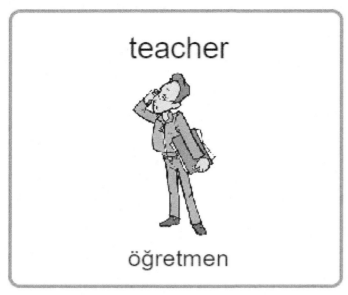

öğretmen

chocolate

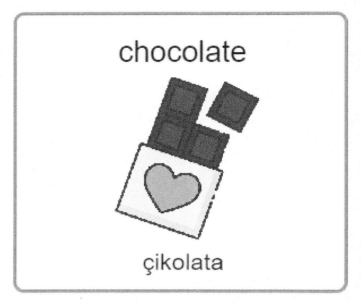

çikolata

lotus

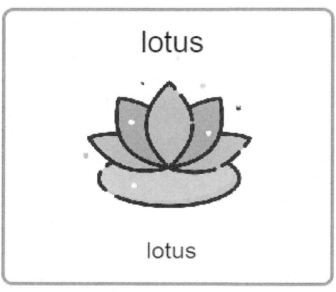

lotus

tongue

dil

honey

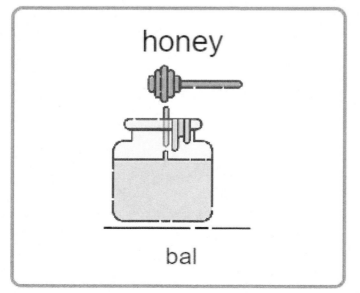

bal

yak

yak

body

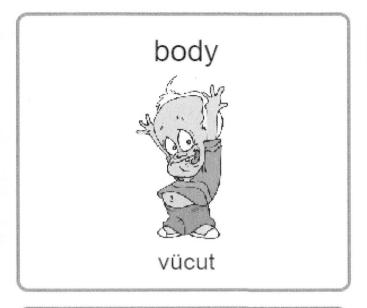

vücut

dumbbells

dambıl

paper

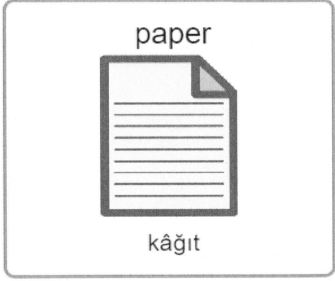

kâğıt

party

parti

compass

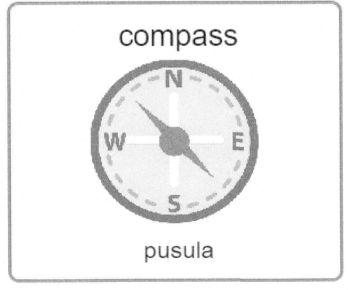

pusula

boxing

boks

ears

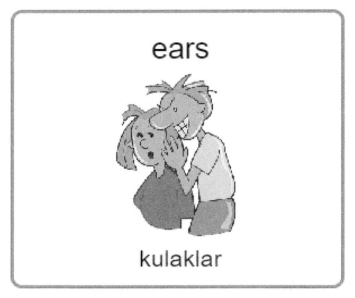

kulaklar

sun

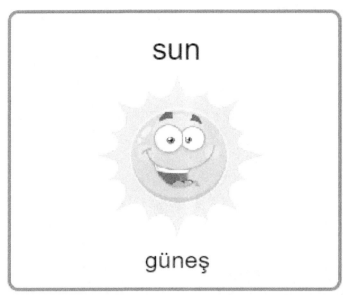

güneş

trash

çöp

sausage

sosis

stick

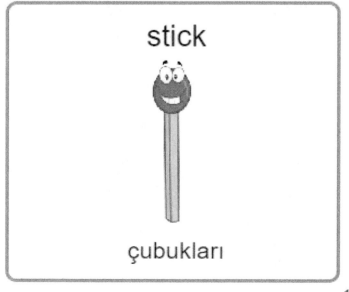

çubukları

lion

aslan

torch
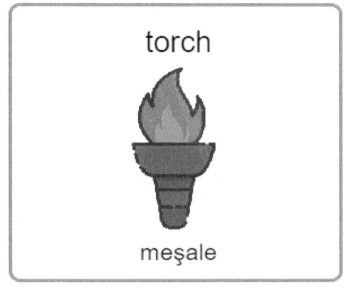
meşale

crayons
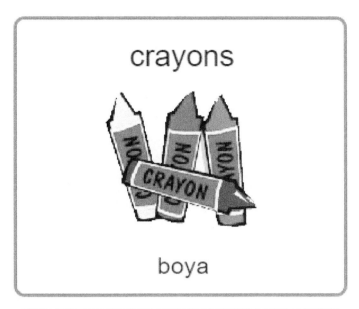
boya

iguana

iguana

snow

kar

wake up

uyanmak

whiskey

viski

brother

kardeş

eyes

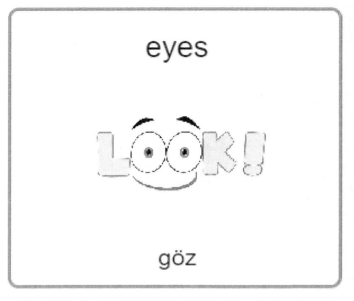

göz

kitten

kedi yavrusu

hello

merhaba

hammer

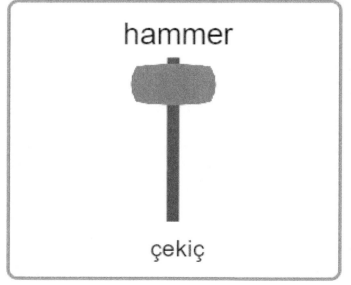

çekiç

dog

köpek

friendly

samimi

turban

türban

chimney

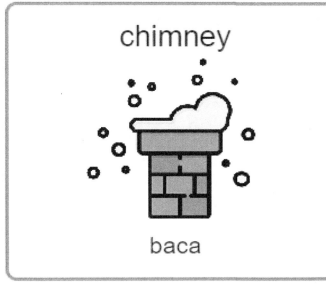

baca

impress

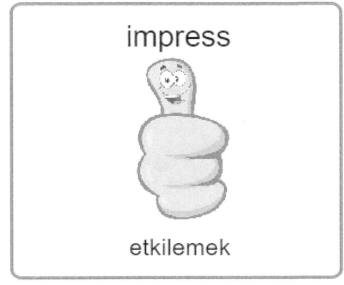

etkilemek

cowboy

kovboy

goodbye

elveda

clam

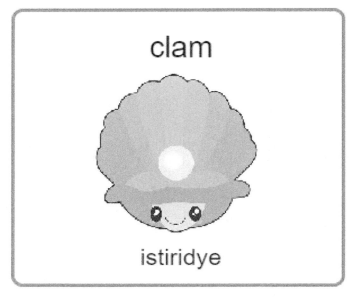

istiridye

cheetah

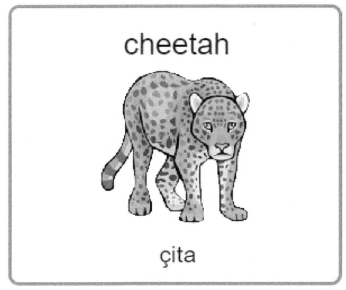

çita

good

iyi

turkey

türkiye

big

büyük

pair

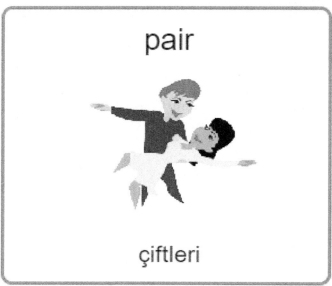

çiftleri

podium

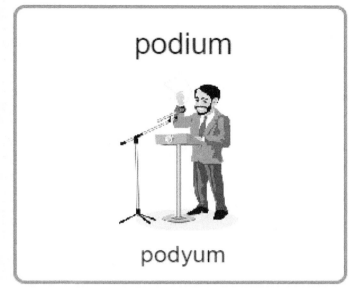

podyum

win

kazanmak

corn

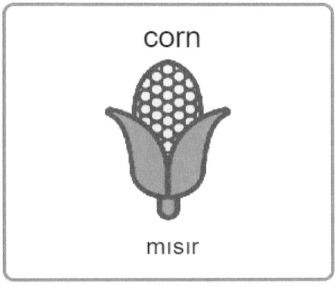

mısır

bone

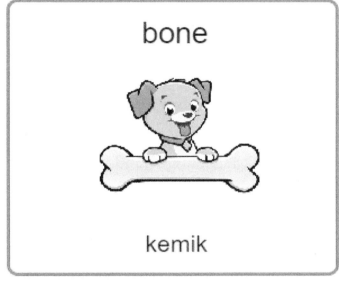

kemik

serving

servis

enjoy

sevmek

carpet

halı

cucumber

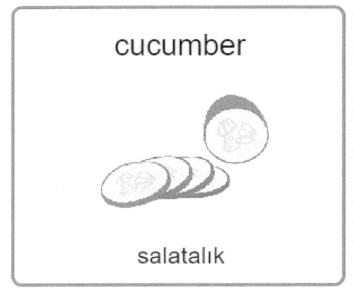

salatalık

pillow

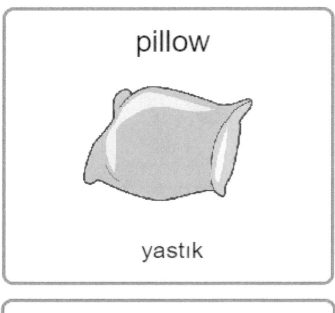

yastık

walk

yürümek

swan

kuğu

proud

gururlu

bicycle

bisiklet

unicorn

unicorn

driving

sürme

cub

yavru

peanut

fıstık

shopping

alışveriş

wag

şakacı

sweater

kazak

leader

liderler

thumb

başparmak

bib

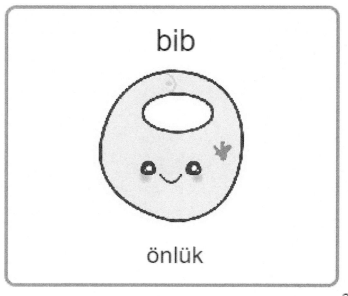

önlük

earring

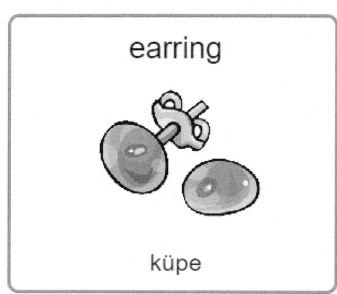

küpe

hospital

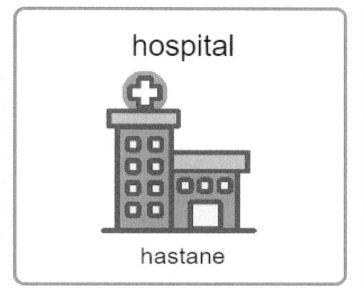

hastane

skirt

etek

cheese

peynir

pelican

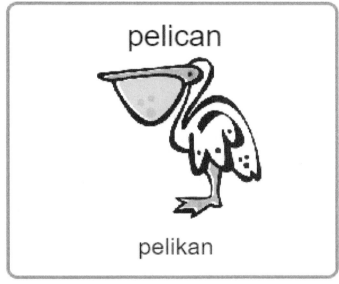

pelikan

jeep

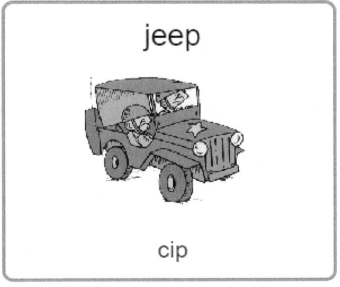

cip

scissors

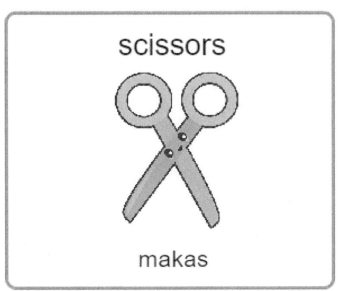

makas

farmer

çiftçi

egg

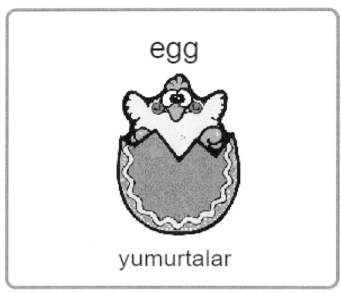

yumurtalar

message

mesaj

animals

hayvanlar

knife

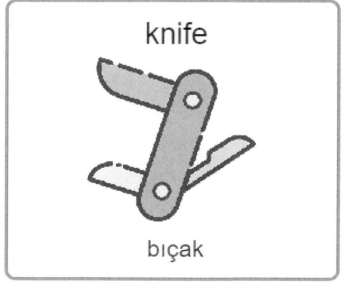

bıçak

hide

saklamak

fin

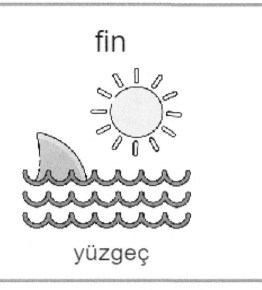

yüzgeç

computer

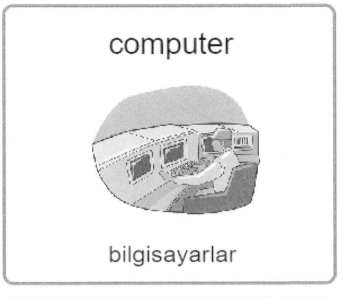

bilgisayarlar

beard

sakal

peg

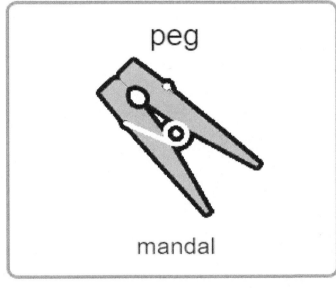

mandal

tail

kuyruk

hopping

sekme

bread

ekmek

bell

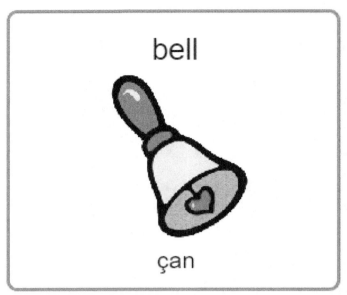

çan

glue

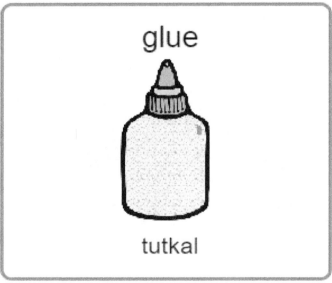

tutkal

jug

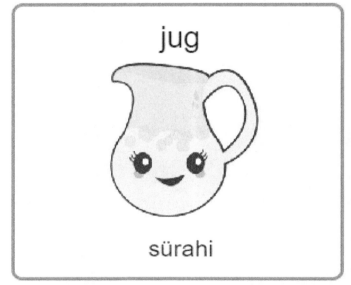

sürahi

cot

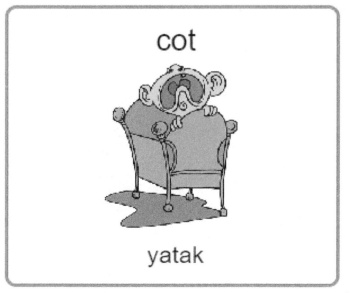

yatak

sofa

kanepe

brick

tuğla

smelling

koku

tomato

domates

meat

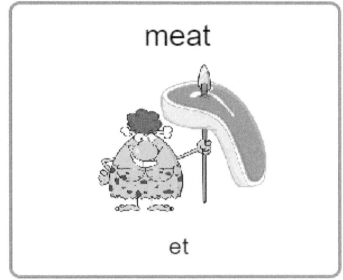

et

ham

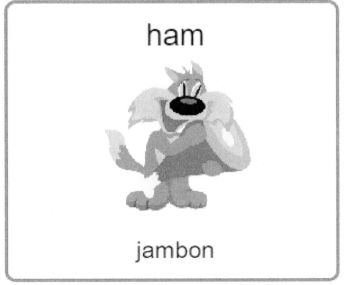

jambon

game

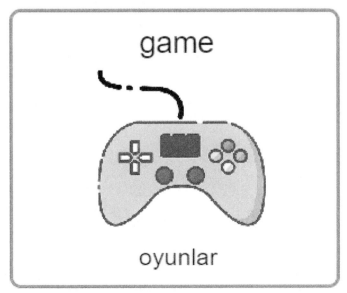

oyunlar

kangaroo

kanguru

bottle

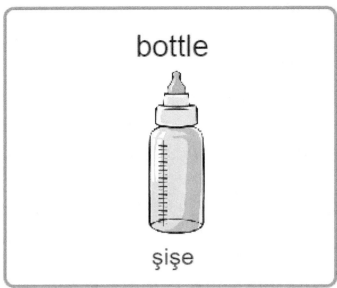

şişe

ruler

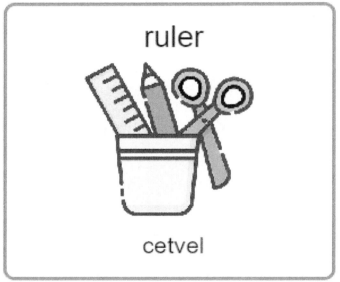

cetvel

dirt

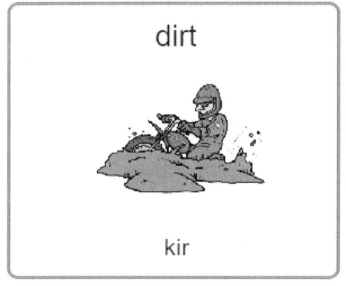

kir

sack

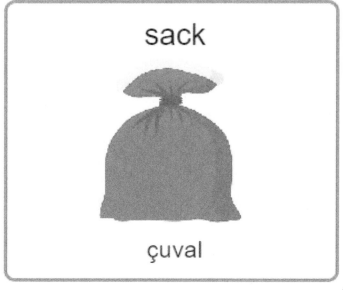

çuval

calendar

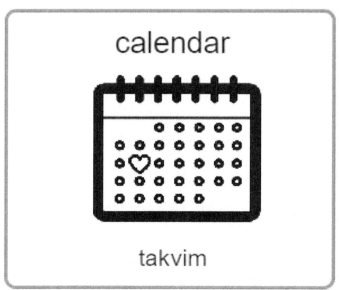

takvim

oval

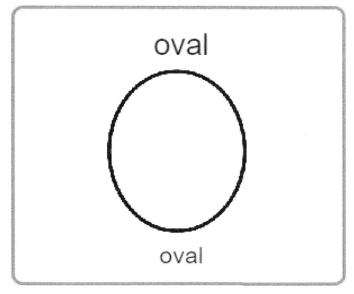

oval

donut

çörek

pigeon

güvercin

pirate

korsan

studying

incelemek

bee

bal arısı

ink

mürekkepler

cactus

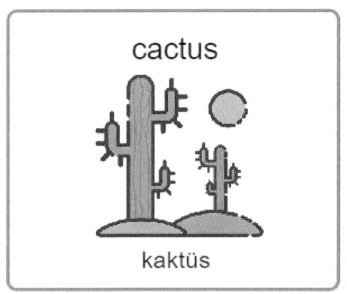

kaktüs

quail

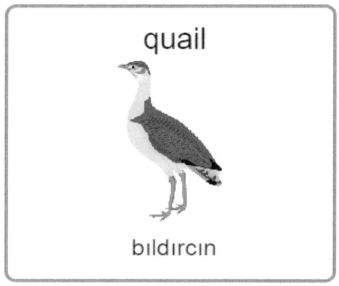

bıldırcın

nibble

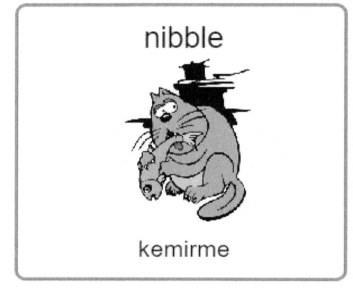

kemirme

pen

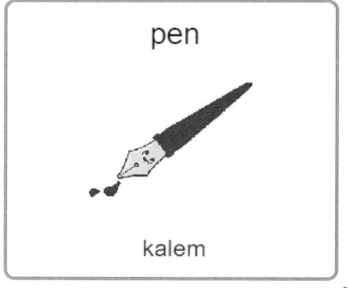

kalem

groundhog

sıçanı

turtle

kaplumbağa

lightbulb

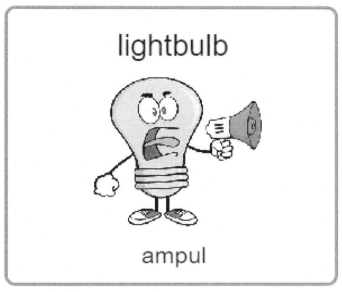

ampul

angel

melek

raspberry

ahududu

garden

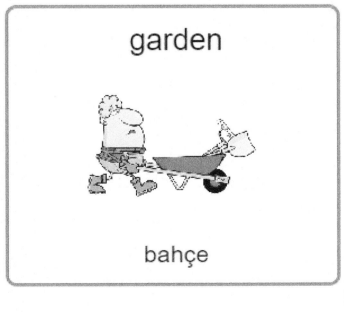

bahçe

seeds

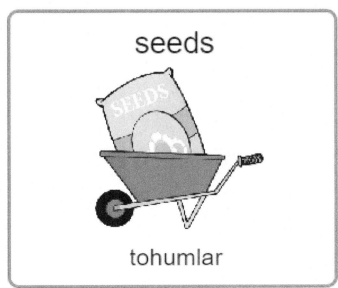

tohumlar

bear

ayı

bus

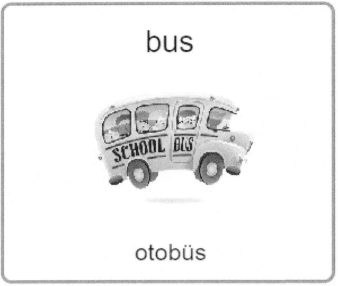

otobüs

presents

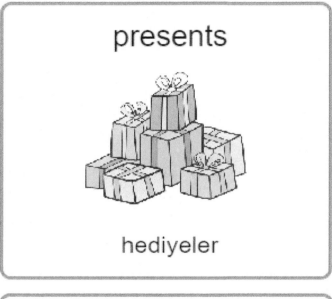

hediyeler

baby

bebek

beach

plaj

mask

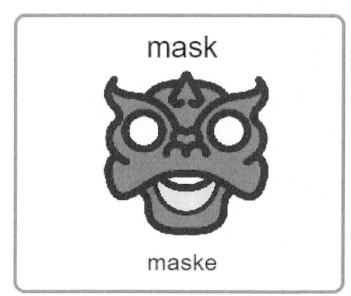

maske

hit

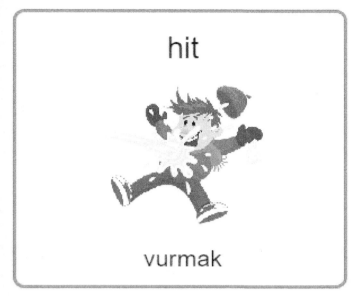

vurmak

sound

ses

van

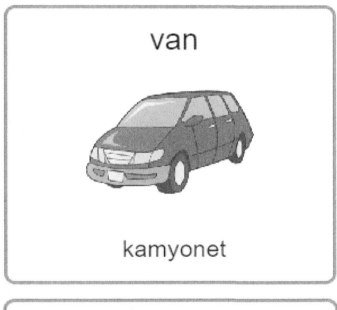

kamyonet

sleeping

uyuyor

five

beş

baseball

beyzbol

socks

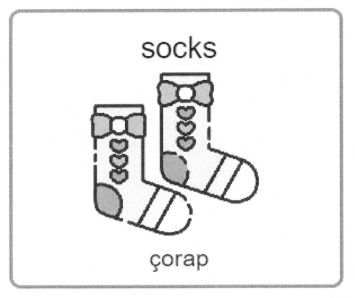

çorap

orange

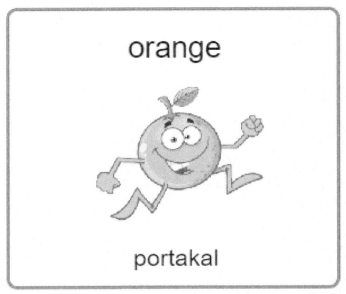

portakal

teacup

çay bardağı

witch

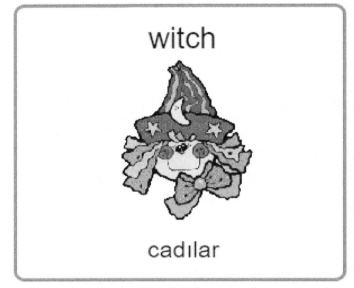

cadılar

princess

prenses

dice

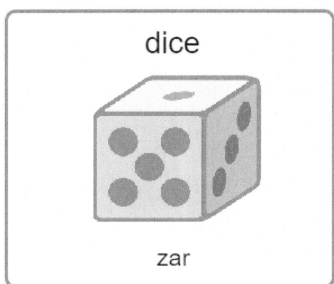

zar

milk

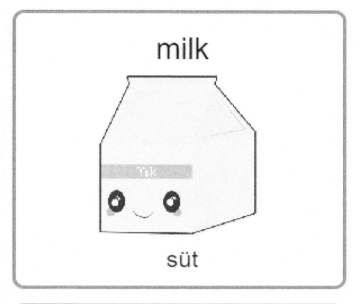

süt

stove

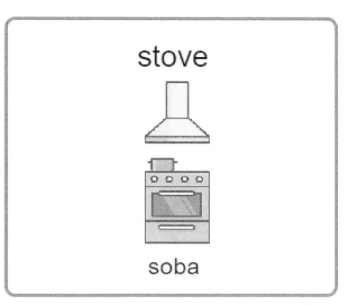

soba

race

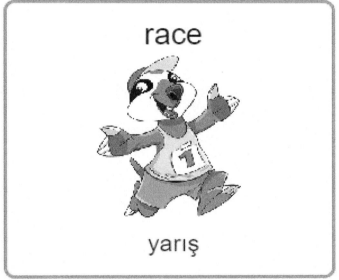

yarış

massage

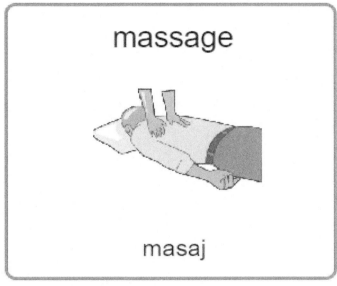

masaj

sad

üzgün

noodles

erişte

backpack

sırt çantası

waiter

garsonlar

eagle

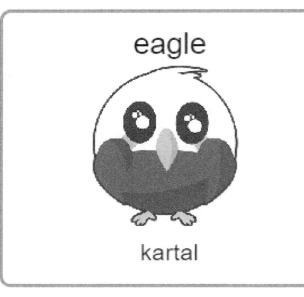

kartal

autumn

sonbahar

rat

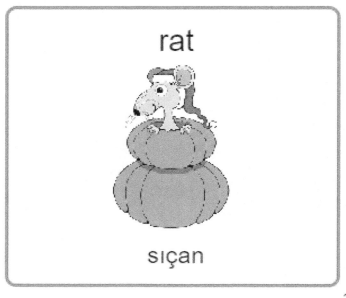

sıçan

onion

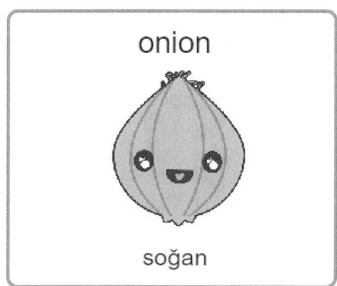

soğan

fox

tilki

eggplant

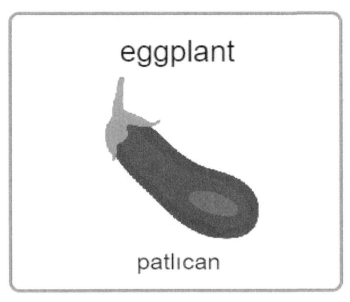

patlıcan

spider

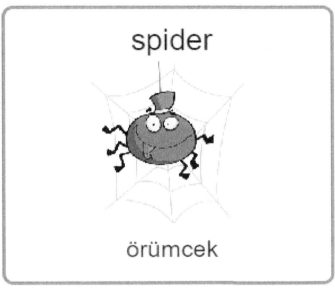

örümcek

clean

temiz

bike

bisiklet

pomegranate

nar

help

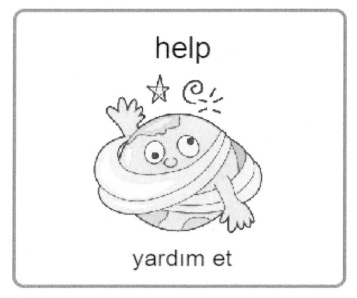

yardım et

pudding

puding

pacifier

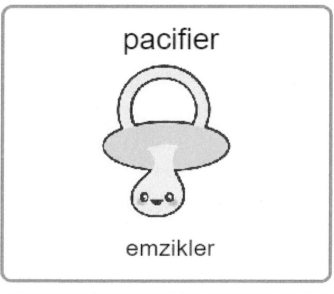

emzikler

summer

yaz

under

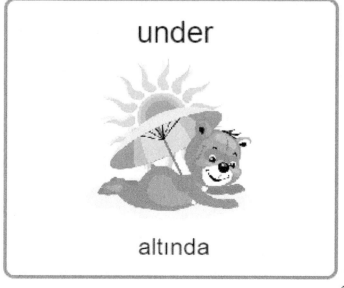

altında

dinner

yemek

swimming

yüzme

church

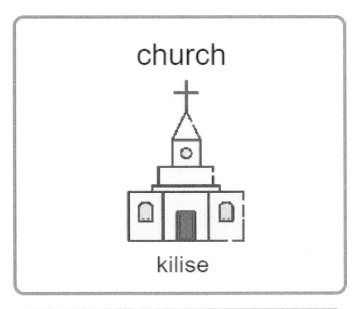

kilise

magician

büyücü

gorilla

goril

jam

reçel

man

adam

chef

şef

hippopotamus

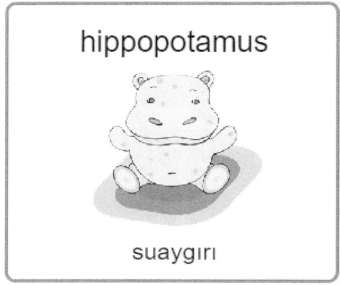

suaygırı

golf

golf

boy

oğlan

flag

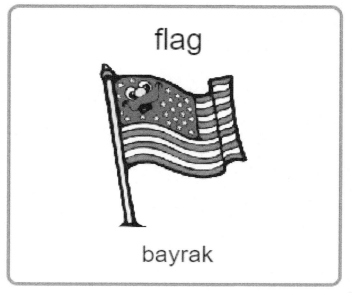

bayrak

kids

çocuklar

pretty

güzel

drum

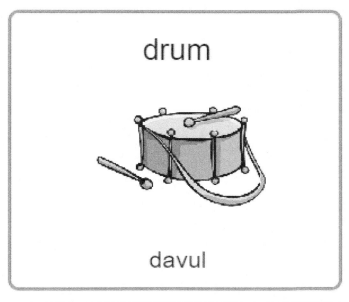

davul

pig

domuz

lid

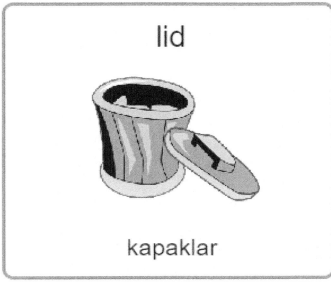

kapaklar

stinky

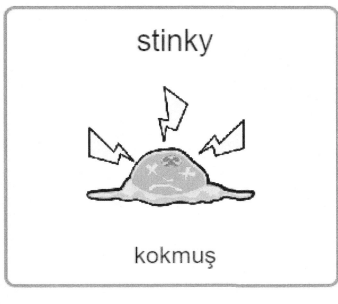

kokmuş

parrot

papağan

fishing

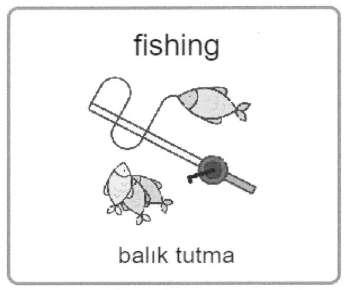

balık tutma

seven

yedi

lizard

kertenkele

six

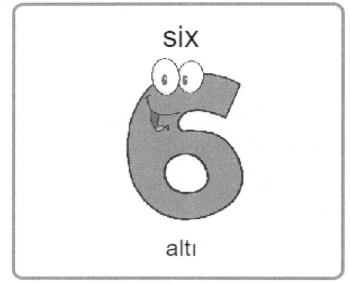

altı

mushroom

mantar

train

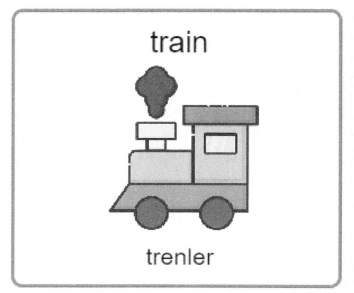

trenler

kitchen

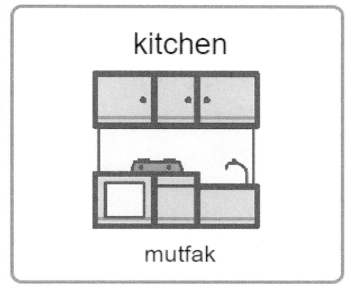

mutfak

love

aşk

pie

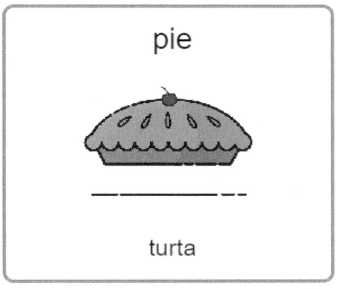

turta

fly

sinekler

song

şarkı

plum

erik

four

dört

umbrella

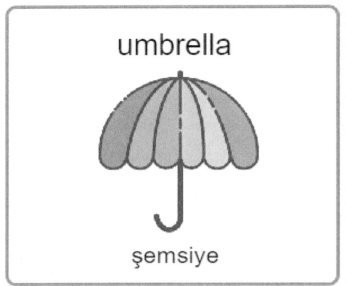

şemsiye

apple

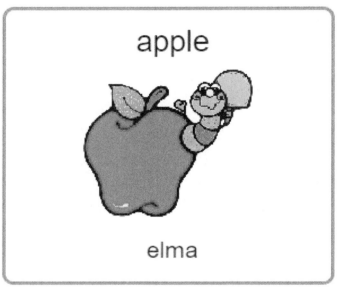

elma

street

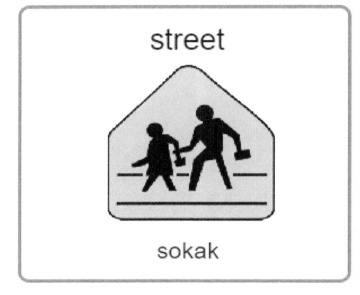

sokak

necklace

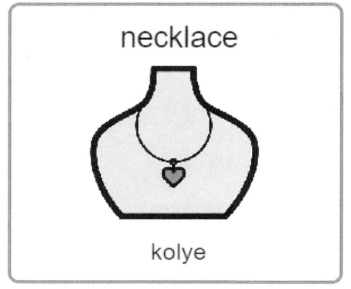

kolye

pear

armutlar

hurt

zarar

peach

şeftali

vase

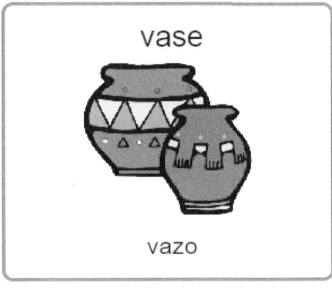

vazo

hot

sıcak

zebra

zebra

boar

domuz

loud

yüksek sesle

racket

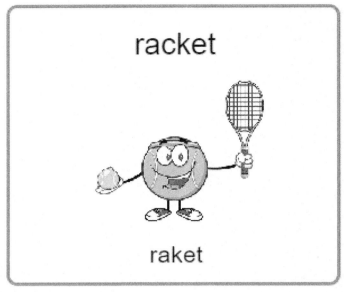

raket

mountains

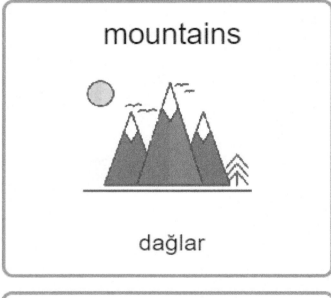

dağlar

laugh

gülmek

maid

hizmetçi

puppy

yavru köpek

cup

fincan

shark

köpekbalığı

mirror

ayna

happy

mutlu

curtain

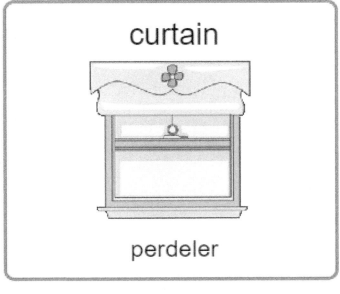

perdeler

children

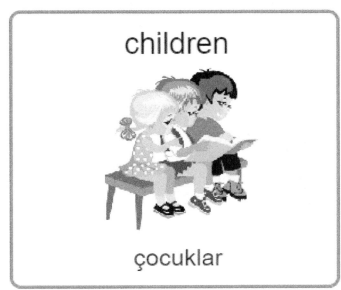

çocuklar

camel

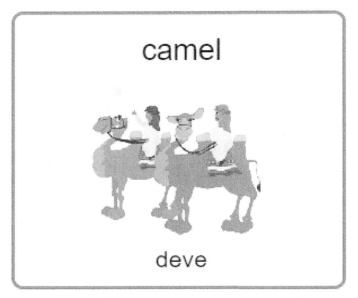

deve

alligator

timsah

photographer

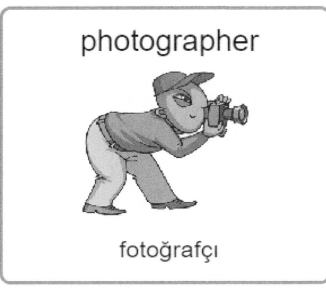

fotoğrafçı

angry

kızgın

vaccine

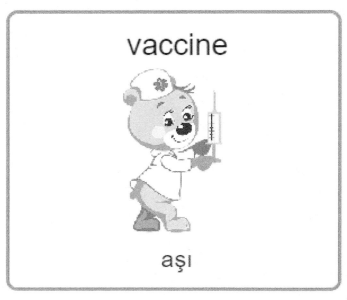

aşı

tangerine

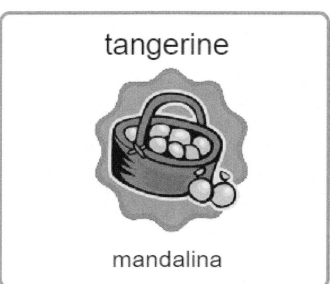

mandalina

chalkboard

kara tahta

candle

mumlar

paintbrush

boya fırçası

mermaid

deniz kızı

boat

tekne

volcano

volkan

rose

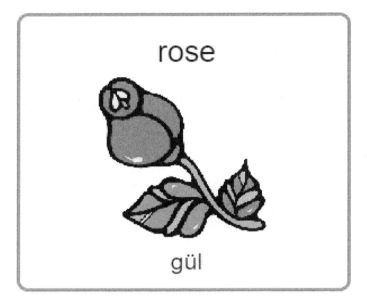

gül

toy

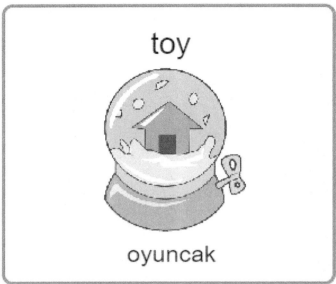

oyuncak

tame

ehlileştirmek

carrot

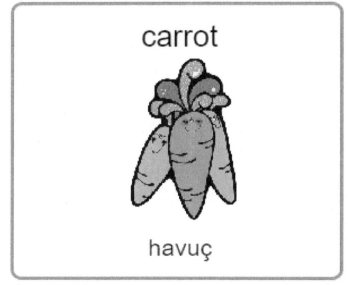

havuç

fire

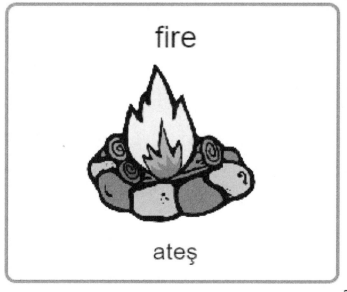

ateş

zero

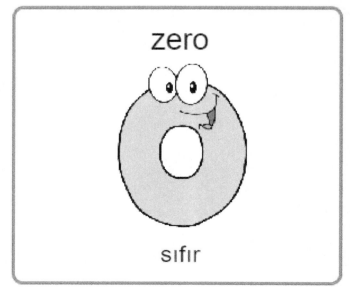

sıfır

engine

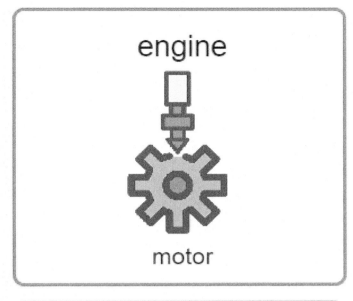

motor

soil

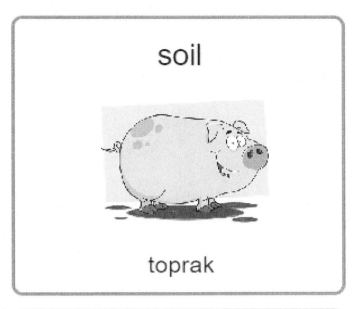

toprak

mad

deli

duck

ördek

bed

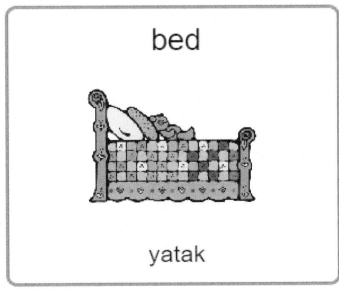

yatak

grapefruit

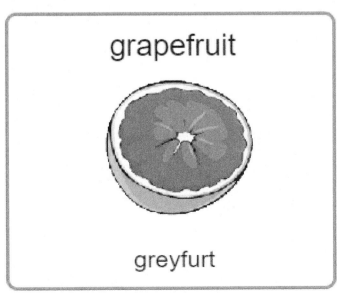

greyfurt

mole

köstebek

cafe
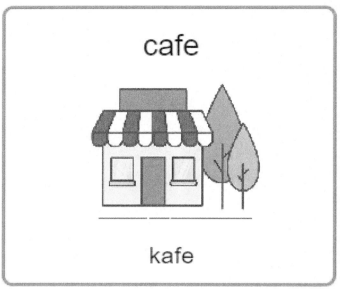
kafe

candy
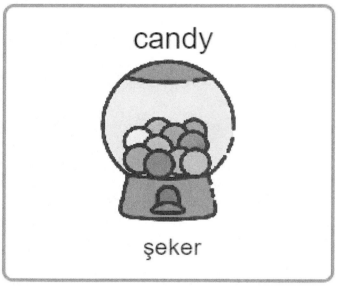
şeker

bug

böcek

nest

yuva

pan
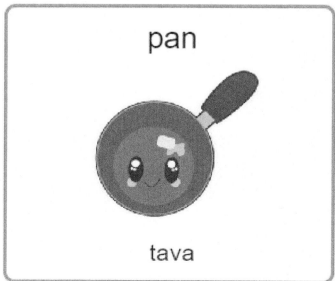
tava

boots

bot ayakkabı

snowflake

kar tanesi

calculator

hesap makinesi

hip

kalça

museum

müze

chicken

tavuk

soccer

futbol

riding

binme

sick

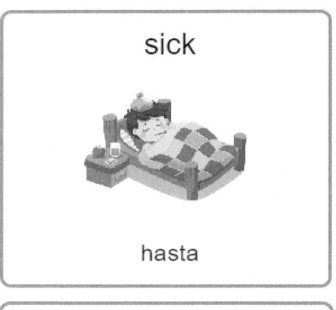

hasta

paint

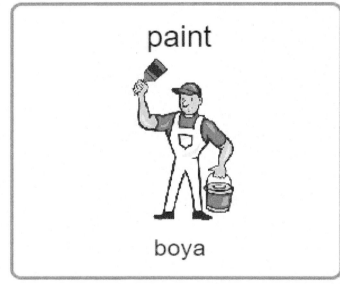

boya

money

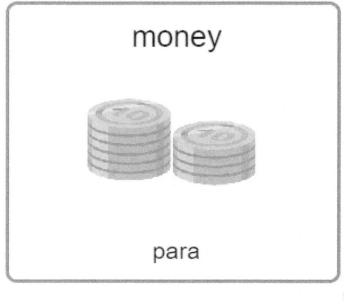

para

pineapple

ananas

rainbow

gökkuşağı

point

makas

knight

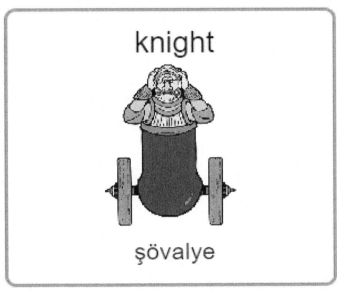

şövalye

insect

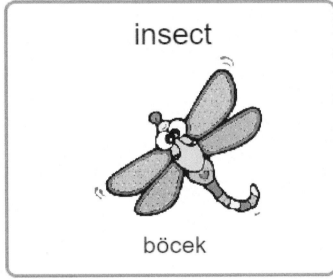

böcek

nap

şekerleme

owl

baykuş

glove

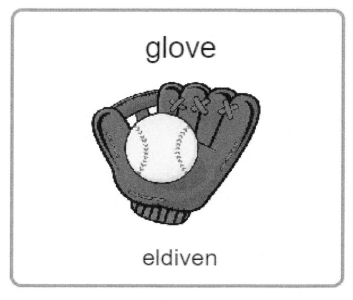

eldiven

stop

durdurmak

mom

anne

ironing

ütüleme

quilt

yorganlar

joyful

neşeli

skunk

kokarca

dig

kazmak

strawberry

çilek

wedding

düğün

chili

acı biber

hand

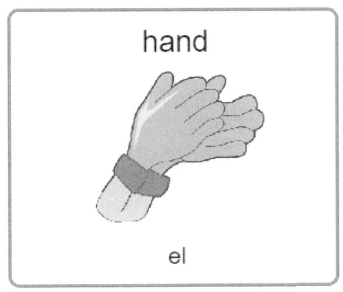

el

coat

ceket

dock

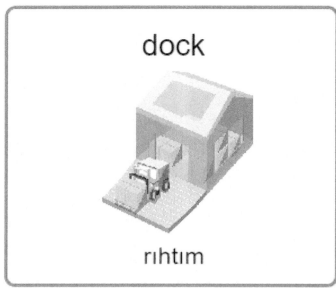

rıhtım

quiz

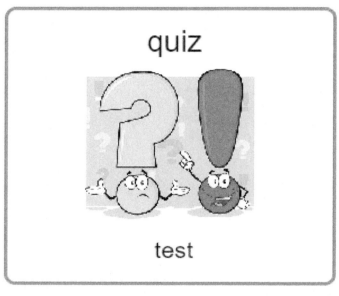

test

goat

keçi

cutter

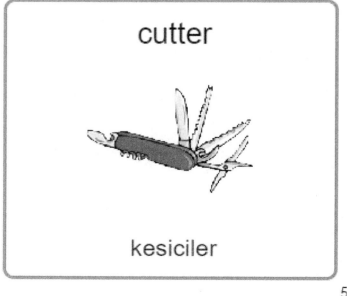

kesiciler

castle

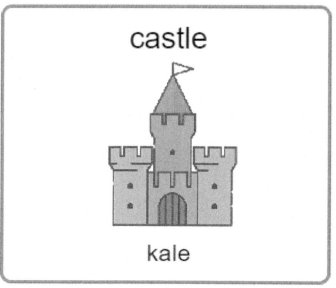

kale

avocado

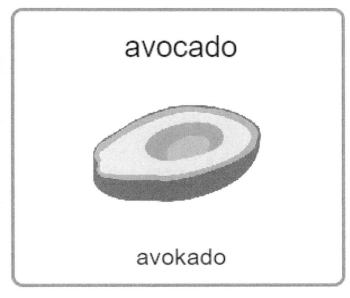

avokado

coffee

kahve

reindeer

ren geyiği

pulling

çeken

chick

civcivler

telescope

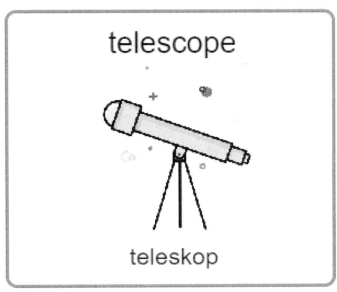

teleskop

house

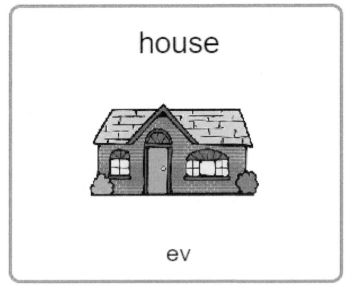

ev

ice

buz

morning

sabah

teapot

demlik

teach

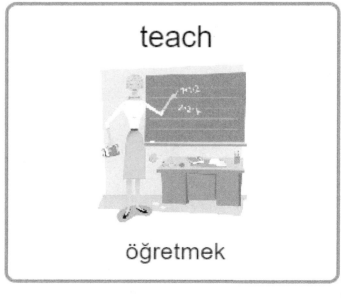

öğretmek

news

haber

shorts

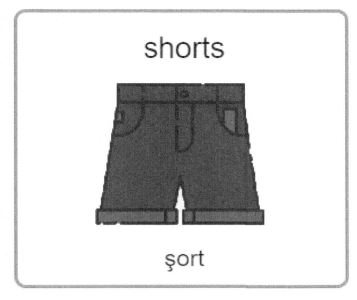

şort

drink

içki

cherry

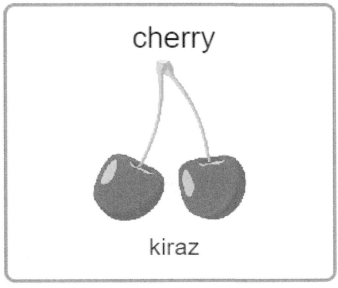

kiraz

jump

atlama

camera

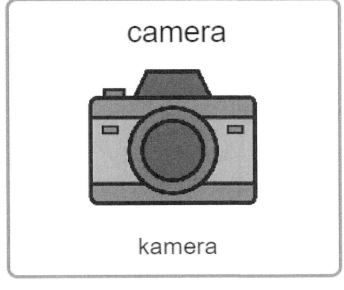

kamera

wiping

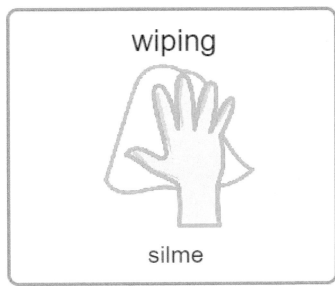

silme

earth

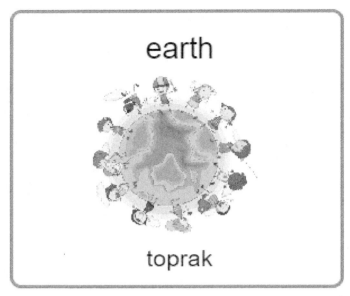

toprak

mare

kısrak

beg

dilenmek

plants

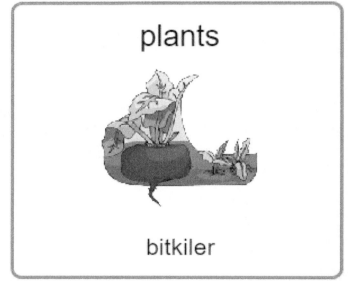

bitkiler

map

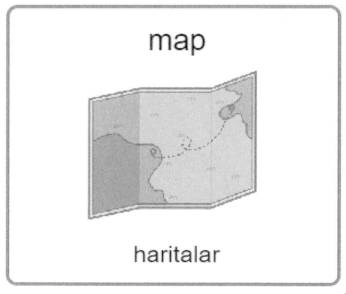

haritalar

politician

politikacı

quiet

sessiz

parachute

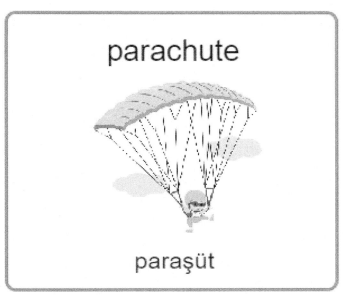

paraşüt

eat

yemek

reading

okuma

fitness

fitness

working

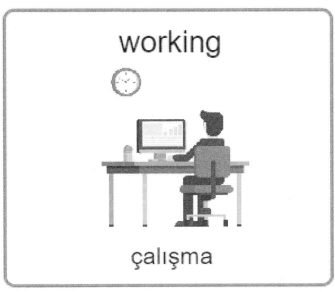

çalışma

dance
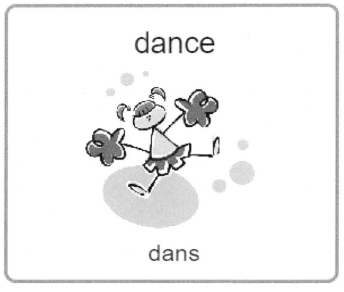
dans

respect

saygı

cry

ağla

koala
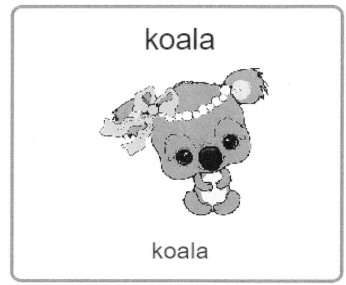
koala

cat

kedi

door
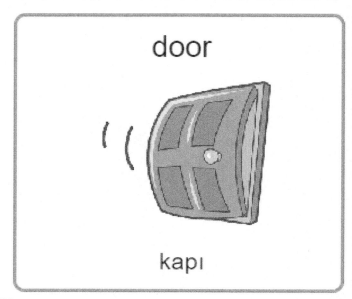
kapı

palm

avuç içi

kiwi
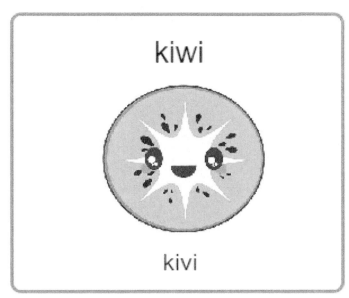
kivi

butterfly
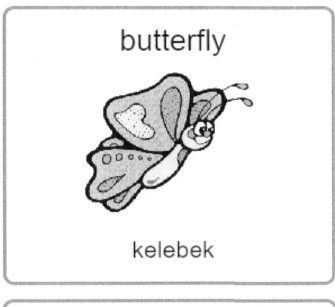
kelebek

package

paket

thunder
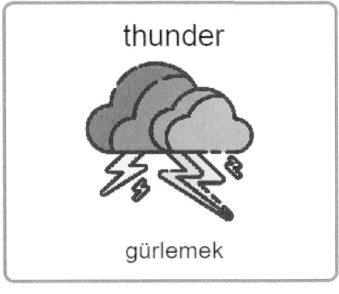
gürlemek

bin

çöp kutusu

question

soru

basketball
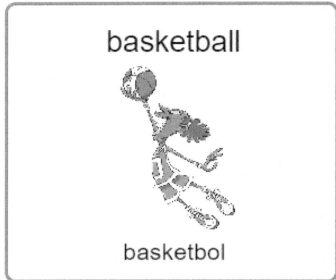
basketbol

worm
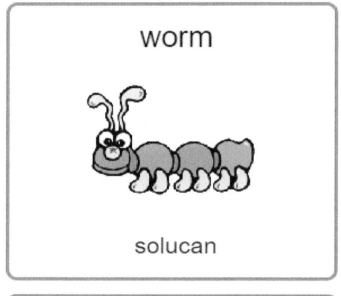
solucan

one

bir

drawing

çizim

gifts

hediyeler

vest

yelek

windmill

yel değirmenleri

elbow

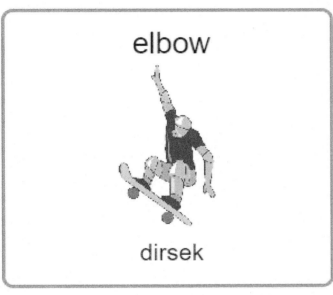

dirsek

policeman

polis

strong

kuvvetli

kneeling

diz çökmüş

pin

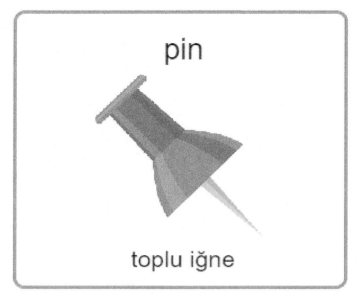

toplu iğne

bridge

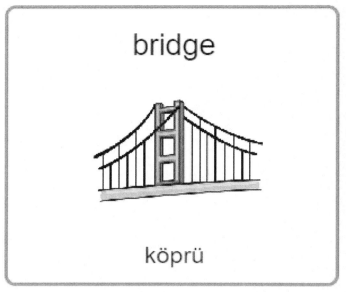

köprü

forbid

yasaklamak

broom

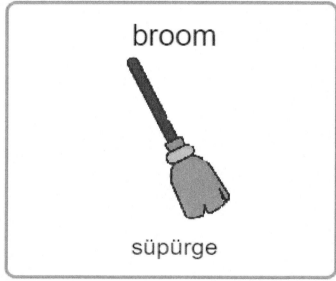

süpürge

wood

ahşap

mat

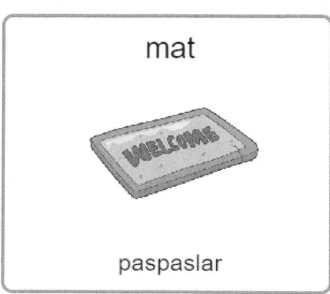

paspaslar

friend

arkadaş

carpenter

marangoz

soup

çorba

finger

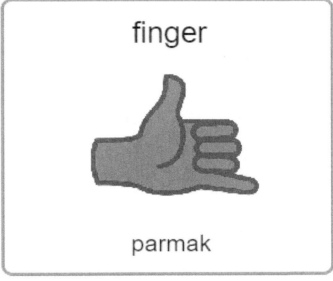

parmak

wet

ıslak

gasoline

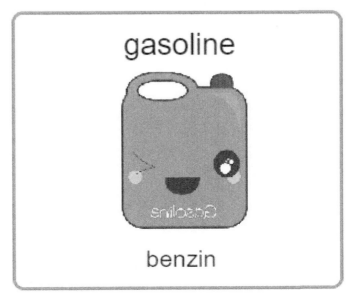

benzin

crab

yengeç

bouquet

buket

dad

baba

octopus

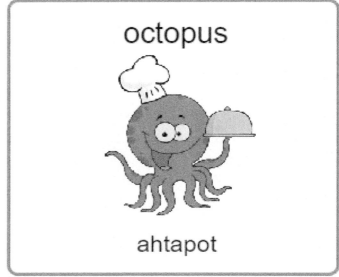

ahtapot

rain

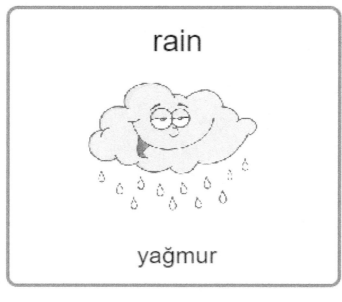

yağmur

sailboat

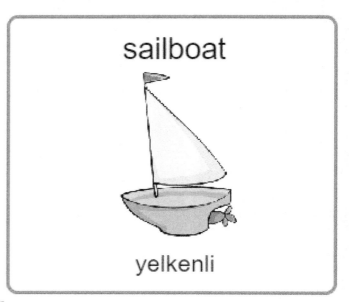

yelkenli

arrow

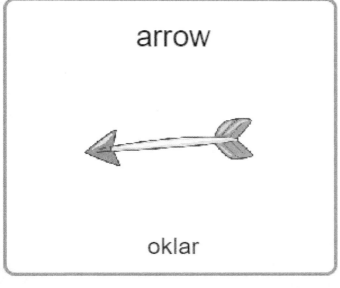

oklar

shirt

gömlek

bite

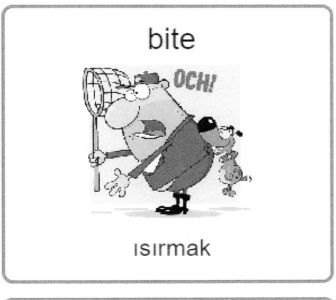

ısırmak

car

araba

ostrich

devekuşu

stockings

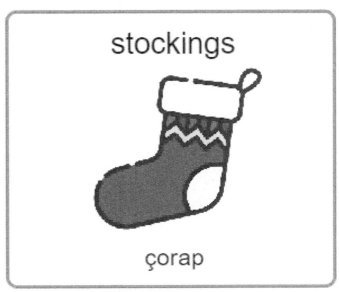

çorap

horse

at

glass

gözlük

ring

halka

fish

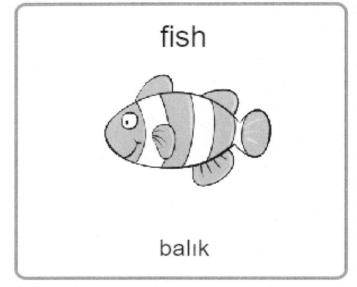

balık

eight

sekiz

igloo

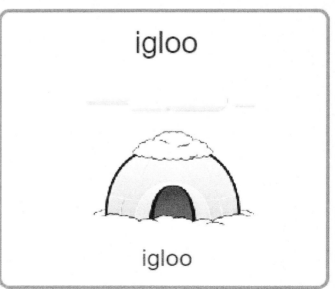

igloo

salad
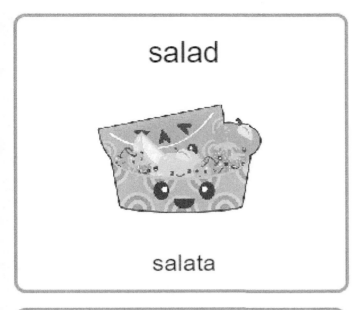
salata

rake

tırmık

grape
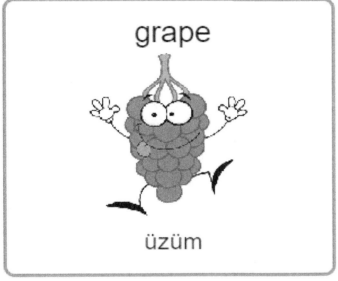
üzüm

toilet
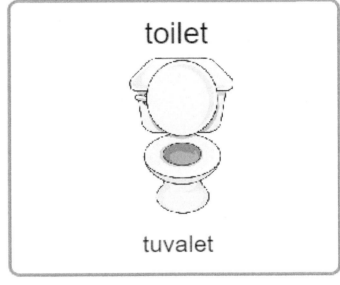
tuvalet

signature
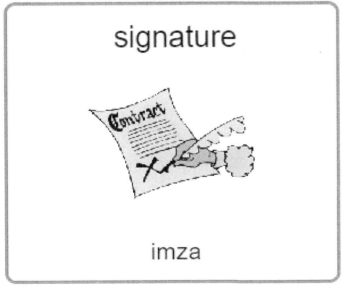
imza

day

gün

yarn

iplik

three

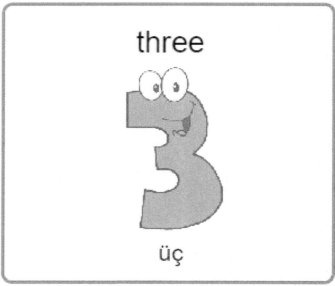

üç

shelter

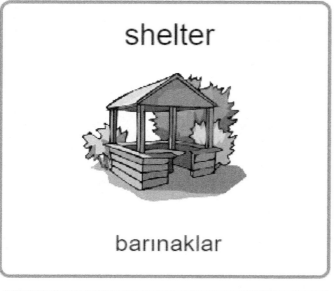

barınaklar

pearls

sedef

blood

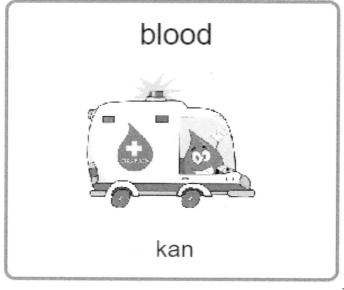

kan

ballon

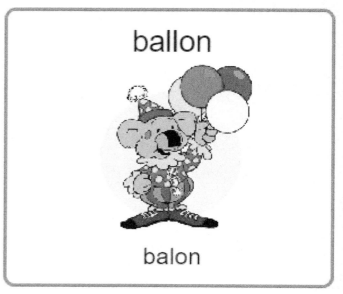

balon

head

kafa

porcupine

kirpi

artist

sanatçı

collar

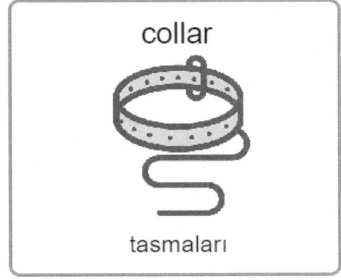

tasmaları

dust

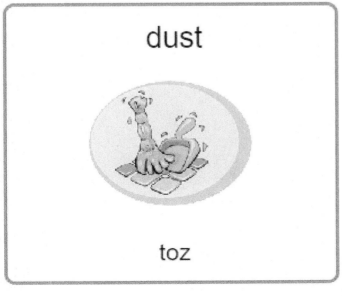

toz

steak

biftek

ten

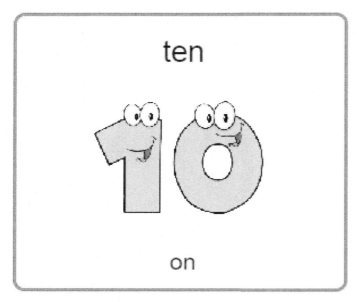

on

handkerchief

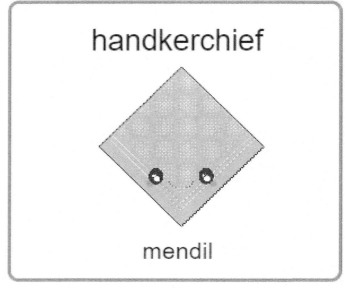

mendil

tree

ağaç

looking

seyir

moon

ay

number

sayılar

rob

soymak

monkey

maymun

dressing

pansuman

cooking

mutfak

snail

salyangoz

clock

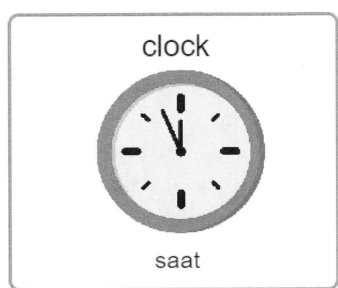

saat

chin

çin

powerful

güçlü

tombstone

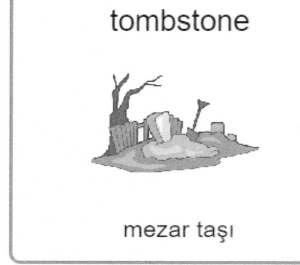

mezar taşı

bag

sırt çantası

panda

panda

lipstick

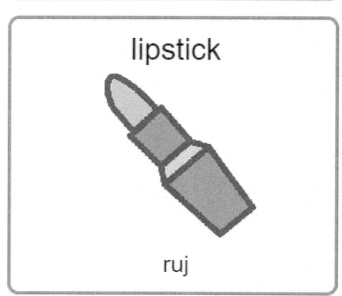

ruj

oven

fırın

doctor

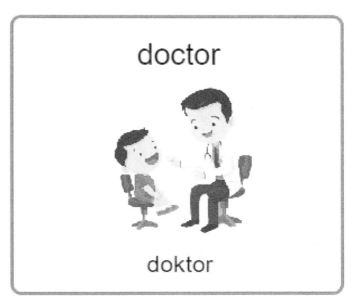

doktor

teeth

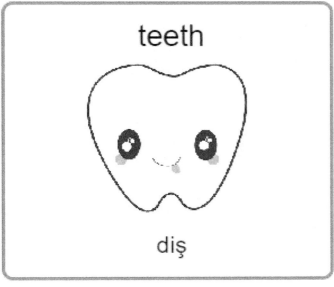

diş

manager

müdür

tiger

kaplan

tray

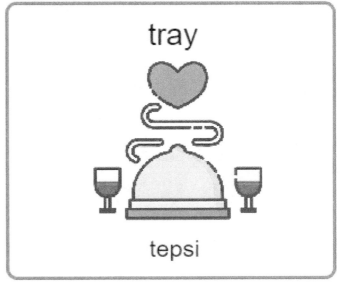

tepsi

desk

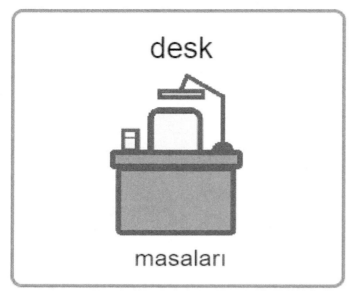

masaları

aggressive

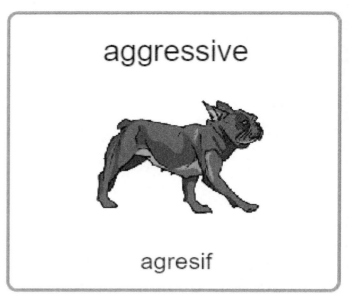

agresif

giraffe

zürafa

airplane

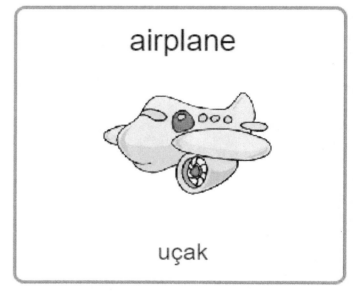

uçak

letter

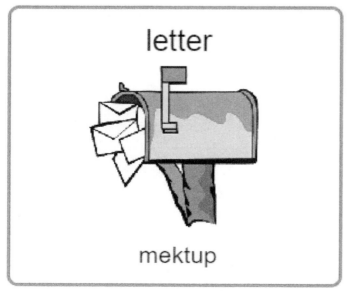

mektup

showering

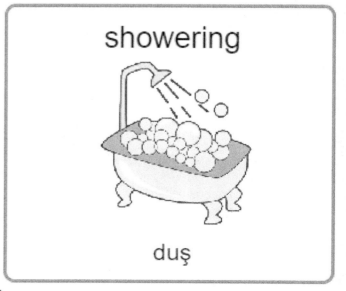

duş

knitting

örme

truck

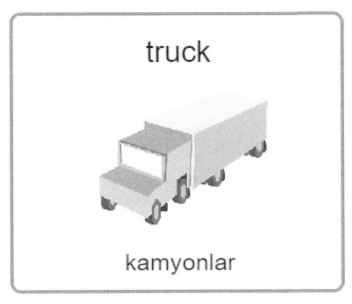

kamyonlar

ground

zemin

piano

piyano

pencil

kalem

hexagon

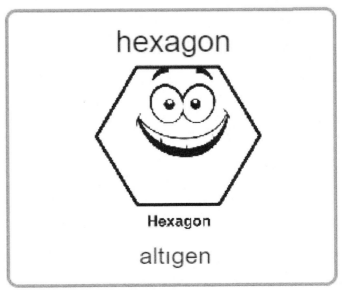

Hexagon

altıgen

tire

lastik

run

koşmak

farm

çiftlik

feeding

besleme

star

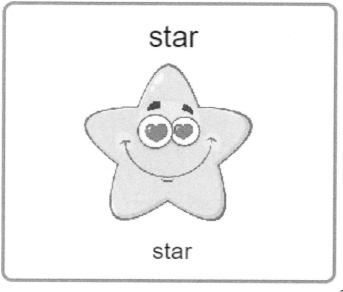

star

singing

şan

whale

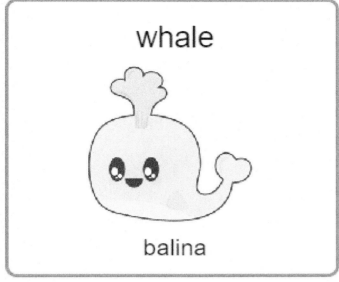

balina

night

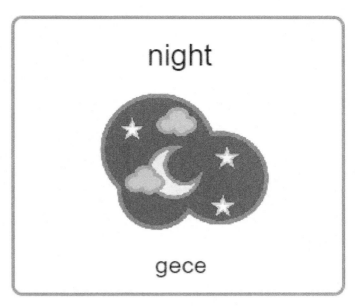

gece

shoulder

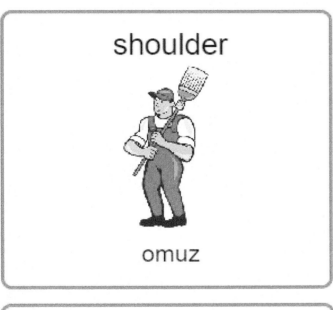

omuz

pagoda

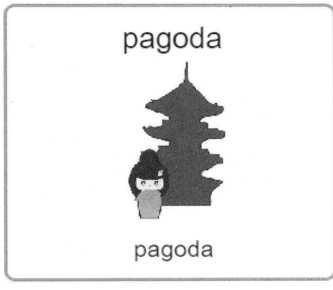

pagoda

blender

karıştırıcı

acorn

palamut

lamp

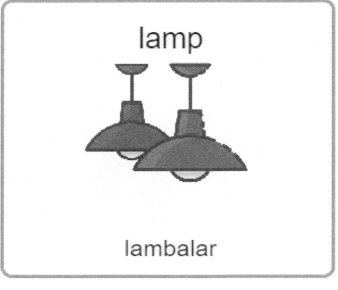

lambalar

ketchup

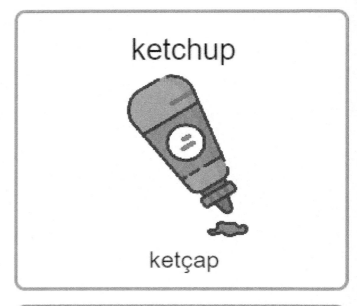

ketçap

soda

soda

fall

düşmek

spatula

spatula

microscope

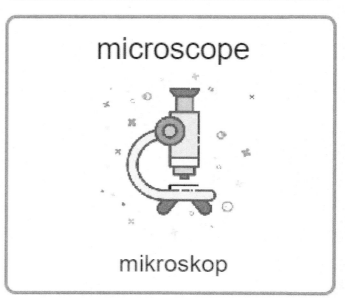

mikroskop

bored

sıkılmış

diamond

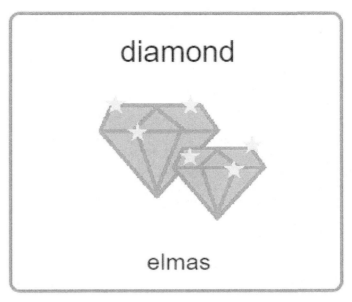

elmas

wagon

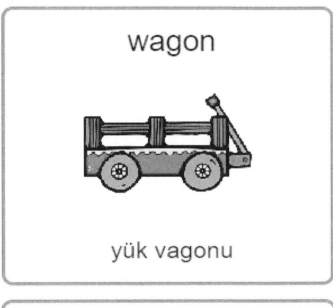

yük vagonu

jogging

jogging

wolf

kurt

celebrate

kutlamak

monster

canavar

barber

berber

wallet

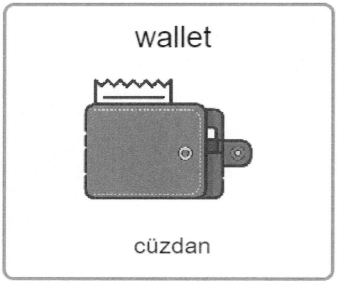

cüzdan

baker

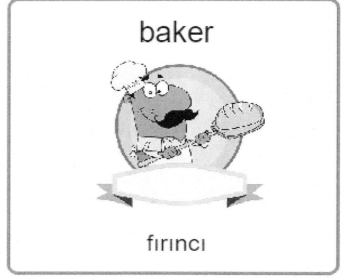

fırıncı

helmet

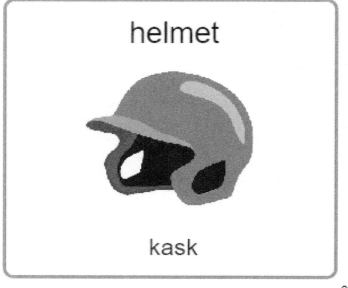

kask

play

oyun

oyster

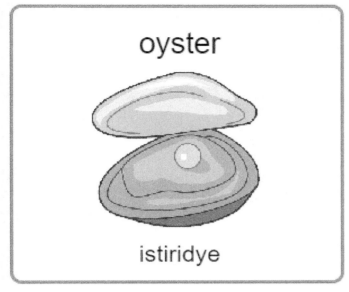

istiridye

delivery

teslim

squirrel

sincap

couch

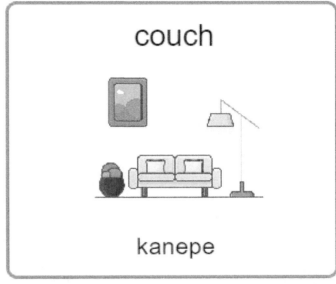

kanepe

wind

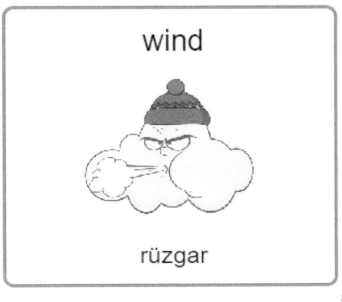

rüzgar

rocket

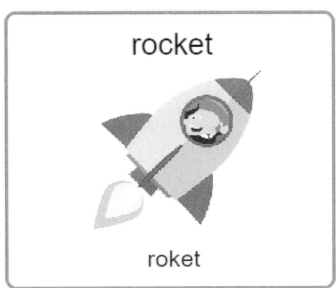

roket

hotel

otel

medicine

tıp

wreath

çelenk

jacket

ceket

shy

utangaç

mouth

ağız

neck

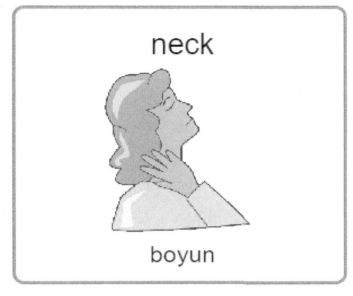

boyun

zipper

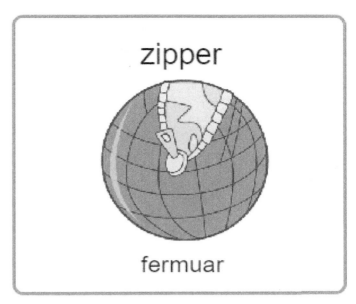

fermuar

penguin

penguen

arm

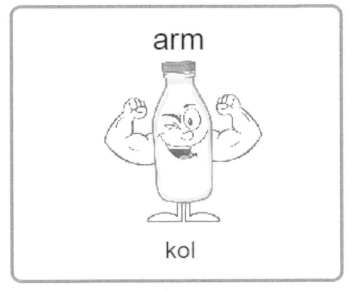

kol

wig

peruk

broccoli

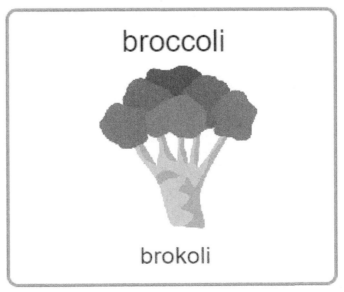

brokoli

family

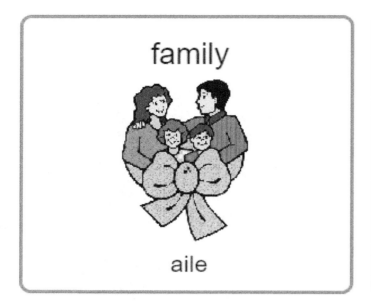

aile

cow

inek

ball

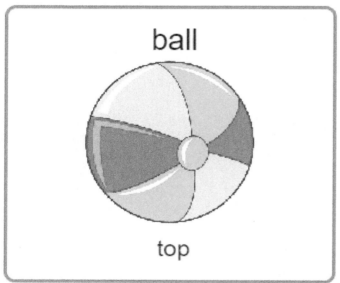

top

circle

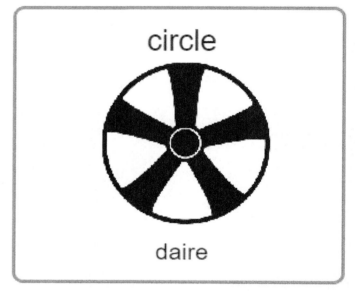

daire

fence

çit

mop

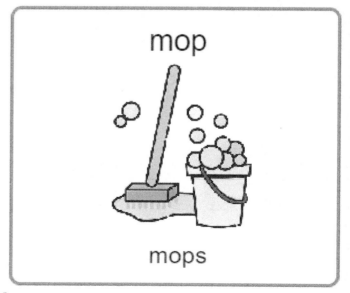

mops

barrow

el arabası

queen

kraliçe

grass

çimen

cookie

kurabiye

anchor

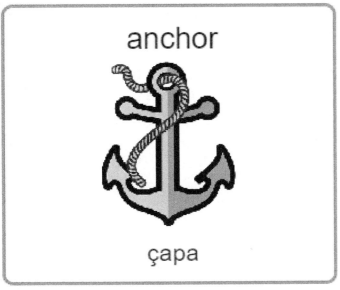

çapa

brain

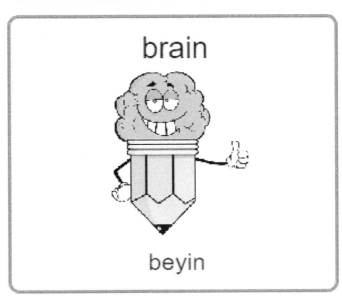

beyin

medication

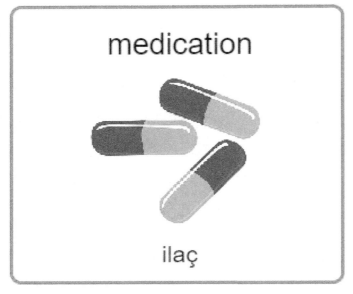

ilaç

vegetable

sebzeler

pajamas

pijama

wash

yıkama

prize

ödülleri

cake

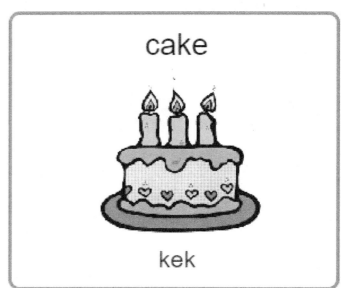

kek

hedgehog

kirpi

deer

geyik

basket

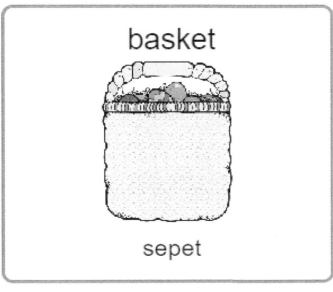

sepet

slicing

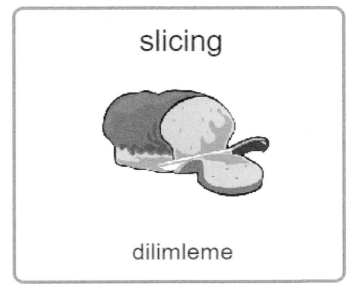

dilimleme

sleepy

uykulu

delicious

lezzetli

bookshelf

kitaplık

tent

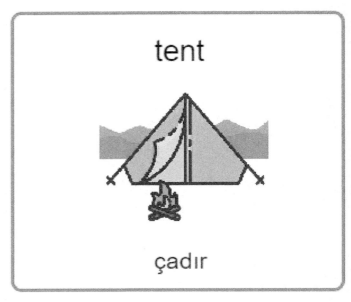

çadır

cab

taksi

fresh

taze

nurse

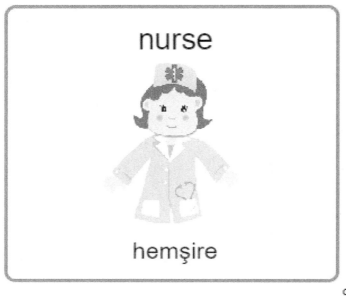

hemşire

coconut

baş

toad

karakurbağası

open

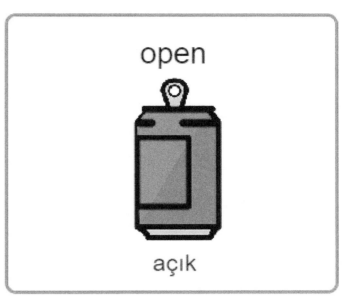

açık

barrel

varil

decrease

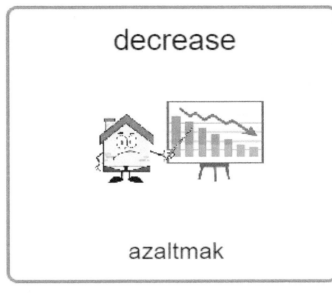

azaltmak

sheep

koyun

music

müzik

mice

fareler

up

yukarı

dolphin

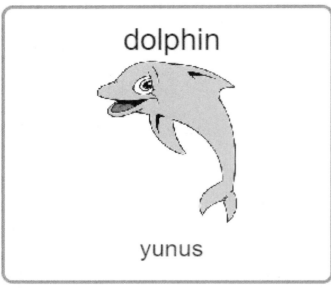

yunus

ladder

merdiven

slippers

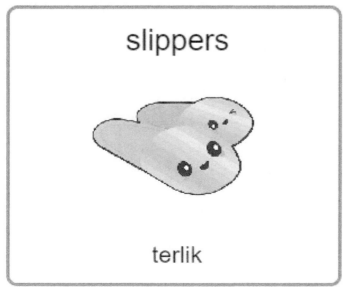

terlik

plane

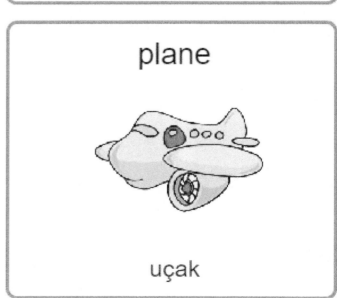

uçak

cop

polis

writing

yazı

lantern
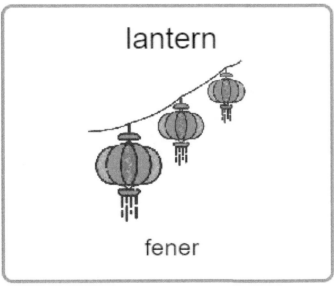
fener

hair

saç

box
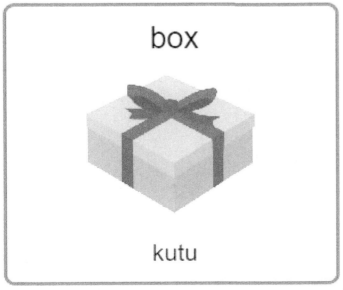
kutu

bad

kötü

radio

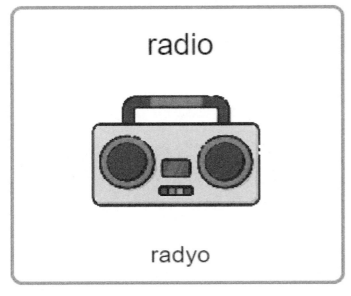

radyo

nose

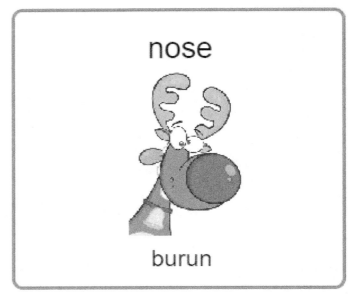

burun

sinking

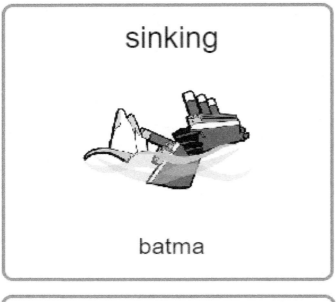

batma

bathtub

küvet

girl

kız

rabbit

tavşan

ice cream

dondurma

elephant

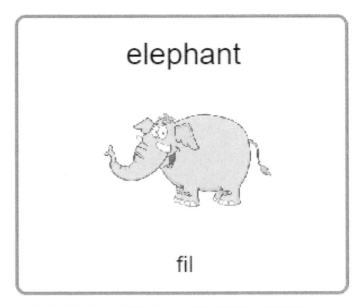

fil

rooster

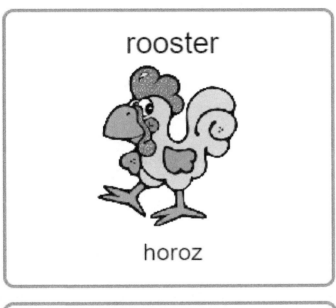

horoz

ax

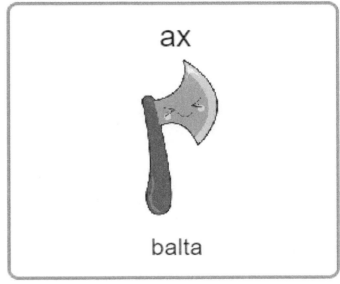

balta

math

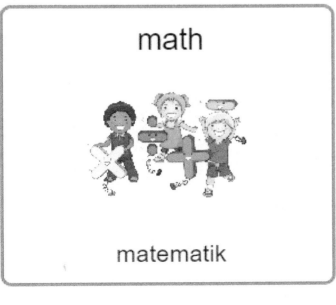

matematik

yogurt

yoğurt

rug

kilim

hockey

hokey

face

yüzleri

throwing

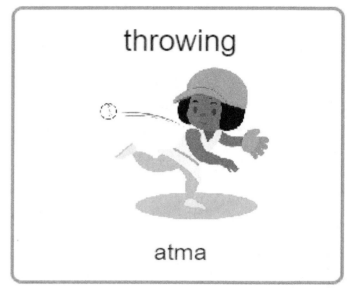

atma

red

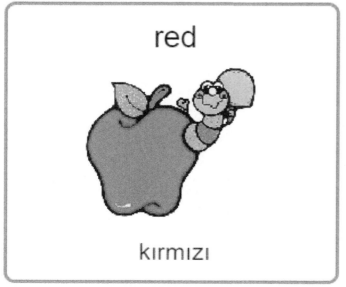

kırmızı

pot

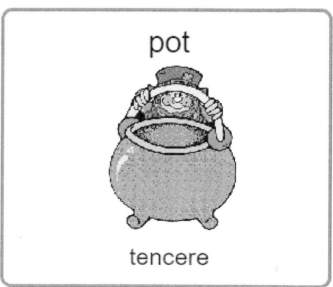

tencere

bean

fasulye

alphabet

alfabeler

bird

kuş

gun

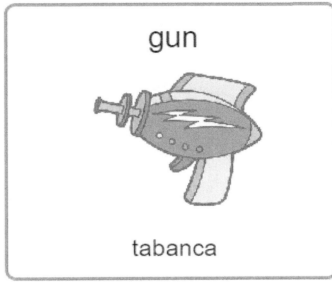

tabanca

watermelon

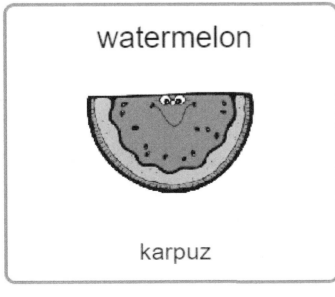

karpuz

kite

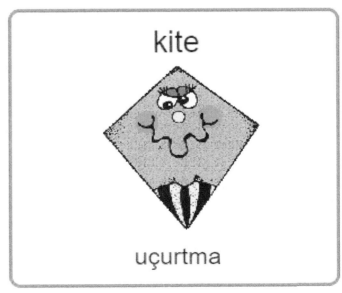

uçurtma

shoes

ayakkabı

puddle

gölet

toddler

bebekler

scarf

eşarp

popsicles

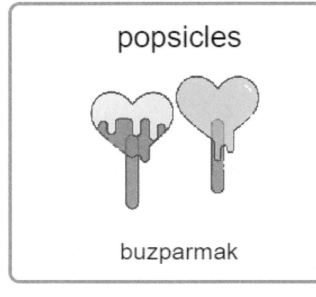

buzparmak

water

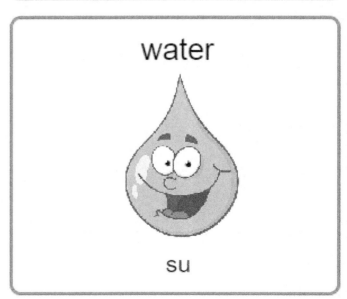

su

mother

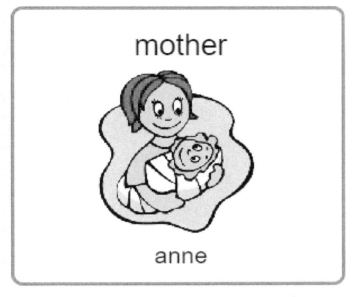

anne

doll

bebek

sketch

kroki

violin

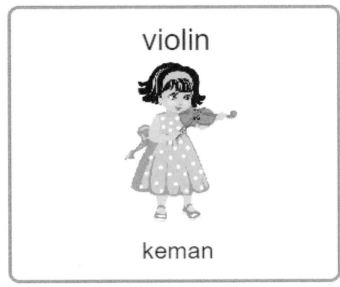

keman

evil

kötülükler

him

onu

bedroom

yatak odası

flower

çiçek

guitar

gitar

picture

resim

juice

meyve suyu

leaf

yaprak

Printed in Great Britain
by Amazon